Dear Parent: Your child's love of readin

Every child learns to read at his or her own speed. You ___
choosing books that fit his or her ability and interests. Guide you ___
by reading stories with biblical values. There are I Can Read! books for every stage ___
reading:

SHARED READING
Basic language, word repetition, and whimsical illustrations, ideal for sharing with
your emergent reader.

BEGINNING READING
Short sentences, familiar words, and simple concepts for children eager to read on
their own.

READING WITH HELP
Engaging stories, longer sentences, and language play for developing readers.

Can Read! books have introduced children to the joy of reading since 1957. Featuring
award-winning authors and illustrators and a fabulous cast of beloved characters, I Can
Read! books set the standard for beginning readers.

Visit www.icanread.com for information on enriching your child's reading experience.
Visit www.zonderkidz.com for more Zonderkidz I Can Read! titles.

Queridos padres: ¡Aquí comienza el amor de sus hijos por la lectura!

Cada niño aprende a leer a su propio ritmo. Usted puede ayudar a su pequeño lector
seleccionando libros que estén de acuerdo a sus habilidades e intereses. También puede
guiar el desarrollo espiritual de su hijo leyéndole historias con valores bíblicos, como la serie
Yo sé leer! publicada por Zonderkidz. Desde los libros que usted lee con sus niños hasta
aquellos que ellos o ellas leen solos, hay libros ¡Yo sé leer! para cada etapa del desarrollo de
la lectura:

LECTURA COMPARTIDA
Utiliza un lenguaje básico, la repetición de palabras y curiosas ilustraciones ideales
para compartir con su lector emergente.

LECTURA PARA PRINCIPIANTES
Este nivel presenta oraciones cortas, palabras conocidas y conceptos sencillos para
niños entusiasmados por leer por sí mismos.

LECTURA CONSTRUCTIVA
Describe historias de gran interés para los niños, se utilizan oraciones más largas y
juegos de lenguaje para el desarrollo de los lectores.

Desde 1957 los libros **¡Yo sé leer!** han estado introduciendo a los niños al gozo de la
lectura. Presentan autores e ilustradores que han sido galardonados como también un reparto
de personajes muy queridos. Los libros **¡Yo sé leer!** establecen la norma para los lectores
principiantes.

Visite www.icanread.com para obtener información sobre el enriquecimiento de la experiencia de la lectura de su hijo.
Visite www.zonderkidz.com para actualizarse acerca de los títulos de las publicaciones más recientes de la serie I Yo sé leer! de Zonderkidz.

I am the way and the truth and the life.
No one comes to the Father
except through me.
—*John 14:6*

Yo soy el camino, la verdad y la vida.
Nadie llega al Padre sino por mí.
—*Juan 14:6*

Zonderkidz

Jesus Saves the World/Jesús salva al mundo
Copyright © 2009 by Mission City Press. All Rights Reserved. All Beginner's Bible copyrights and trademarks (including art, text, characters, etc.) are owned by Mission City Press and licensed by Zondervan of Grand Rapids, Michigan.

Requests for information should be addressed to:
Zonderkidz, *Grand Rapids, Michigan 49530*

Library of Congress Cataloging-in-Publication Data

Jesus saves the world. Spanish & English
    Jesus saves the world / illustrated by Kelly Pulley = Jesús salva al mundo / ilustrado por Kelly Pulley.
       p. cm. -- (My first I can read! = Mi primer libro! ¡Yo sé leer!)
    ISBN 978-0-310-71893-2 (softcover)
    1. Jesus Christ--Biography--Juvenile literature. I. Pulley, Kelly. II. Title. III. Title: Jesús salva el mundo.
    BT302.J576 2009
    232.9'01--dc22   2008049

Art Direction: *Jody Langley*
Cover Design: *Laura Maitner-Mason*

Printed in China

17 /DSC/ 9 8 7

ZONDER**kidz** | **vida**

I Can Read!™ ¡Yo sé leer!™ My First

SHARED READING

The Beginner's Bible®

Jesus Saves the World
Jesús Salva al Mundo

pictures by Kelly Pulley

ilustrado por Kelly Pulley

The day Jesus was born
was a very special day.

El día que Jesús nació fue un día
muy especial.

Angels came to tell the good news!

¡Los ángeles vinieron a contar las
buenas noticias!

People were so happy
Jesus was born.

La gente estaba muy feliz
porque Jesús había nacido.

Jesus was born to save us
from our sins.

Jesús nació para salvarnos de
nuestros pecados.

Jesus grew up.
He was a good boy.

Jesús creció.
Él era un niño muy bueno.

He helped his mother, Mary.
He helped his father, Joseph.

Él ayudaba a María, su mamá.
Él ayudaba a José, su papá.

Jesus helped other people, too.

Jesús también ayudaba a otras personas.

When he was grown,
his cousin John baptized him.

Cuando Jesús creció, su primo
Juan lo bautizó.

Then Jesus went to work.
He told people all about God.

Luego Jesús fue a trabajar.
Él le hablaba a la gente acerca de Dios.

Jesus told his friends
about God, too.

Jesús también le habló a sus
amigos acerca de Dios.

Jesus' friends helped tell others about God's love.

Los amigos de Jesús lo ayudaban a hablarles a otros acerca del amor de Dios.

Jesus told the people
to love each other.

Jesús le dijo a las personas que
se amaran unos a otros.

15

Jesus also did things
called "miracles."

Jesús también hizo cosas
llamadas "milagros".

One day, Jesus and his friends
were in a boat. It started to storm.

Un día, Jesús y sus amigos estaban en
un barco cuando comenzó una
tormenta.

His friends were scared.
"Jesus, can you help?" they cried.
Jesus said, "Stop, Storm."

Los amigos de Jesús tenían miedo.
«Jesús, ¿puedes ayudarnos?», gritaron ellos.
Jesús dijo: «¡Deténte, Tormenta!».

The storm stopped.
It was a miracle!

La tormenta se fue.
¡Esto fue un milagro!

Jesus also healed people.
He helped a sick little girl
get better. Another miracle!

Jesús también sanó a las personas.
Ayudó a curar a una niñita enferma.
¡Otro milagro!

Jesus healed blind people.
Jesús sanó a los ciegos.

"I can see!" the man said.
«¡Ya puedo ver!», dijo el hombre.

Jesus loved all children.
Even when he was very busy,
he stopped to talk to them.

Jesús amaba a todos los niños.
Aunque estuviera muy ocupado,
se paraba para hablar con ellos.

But not all people loved Jesus.
Some made a plan to stop him.

Pero no toda la gente quería a Jesús.
Algunos planearon detenerlo.

Jesus went to a garden.
He prayed,
"I will do what you want, God."

Jesús fue a un jardín.
Allí él oró: «Dios, yo haré lo que tú
quieras».

"I am ready to give my life
to save people
from their sins," he said.

«Estoy listo a dar mi vida
para salvar a la gente de sus
pecados», dijo él.

The bad men took Jesus away.

Los hombres malos se llevaron Jesús.

They nailed Jesus to a
big cross made of wood.
He died on the cross.

Clavaron a Jesús a una cruz muy
grande hecha de madera.
Él murió en la cruz.

Everyone who loved Jesus
was very sad.

Todos los que amaban a Jesús
estaban muy tristes.

They put his body in a tomb.
Soldiers watched over it.
Jesus' friends went to the tomb.

Colocaron su cuerpo en una tumba.
Los soldados la vigilaban.
Los amigos de Jesús fueron a la tumba.

An angel said to them,
"Jesus is not here.
He is risen!"

Un ángel les dijo:
«Jesús no está aquí.
¡Él resucitó!».

Soon, Jesus went to
see his friends.
They were so happy!

Pronto Jesús fue a ver a sus amigos.
¡Ellos estban muy contentos!

Then it was time for Jesus
to go to heaven.
But he will come back one day!

Entonces, llegó el momento en que
Jesús fuera al cielo.
¡Pero un día volverá!